AF497933

N° 183

ASSEMBLÉE NATIONALE.

SESSION 1871

Annexe au procès-verbal de la séance du 29 avril 1871.

PROPOSITION DE LOI

Sur *la décentralisation*

PRÉSENTÉE

Par M. RAUDOT,

Membre de l'Assemblée nationale.

EXPOSÉ DES MOTIFS.

I.

Depuis longtemps des esprits prévoyants avaient signalé les dangers d'une centralisation excessive, qui avait fait de la France un corps dont la tête énorme était toujours menacée d'un transport au cerveau, tandis que les membres étaient languissants et inertes.

Leur voix n'était guères écoutée et on tournait en dérision leurs tristes prévisions. Mais les terribles désastres qui viennent d'accabler notre malheureuse France, et qui la désolent encore, ont ouvert bien des yeux qui étaient fermés à la lumière. On reconnaît généralement enfin les dangers de cette centralisation excessive qui devait, selon ses admirateurs, nous donner tant de forces et qui nous a rendus en réalité si faibles et si divisés ; on voudrait diminuer ces dangers et avoir partout des hommes, des caractères, de la vie.

Mais lorsque l'on cherche les remèdes qui pourraient guérir la maladie, lorsque l'on veut les appliquer, bien des esprits sincères, élevés, hésitent, sont effrayés et reculent devant l'œuvre qu'ils voudraient accomplir.

Pour nous, sans nous dissimuler la difficulté de la tâche, nous n'éprouvons ni hésitation, ni crainte, et nous soumettons avec confiance à l'Assemblée nationale notre projet de décentralisation.

II

Pour arriver à un ordre de choses régulier et en même temps fécond, il faut d'abord abandonner, répudier certains prétendus principes qui nous semblent essentiellement faux et funestes.

1° Le premier c'est que tout fonctionnaire participant à l'exécution des lois d'intérêt général, chargé de veiller, même pour la plus petite part, au maintien de la paix publique, doit nécessairement être nommé par le pouvoir exécutif, d'après le grand principe de la division des pouvoirs ; le pouvoir exécutif et ses agents doivent seuls avoir l'action et l'autorité.

Il n'y a pas d'idée plus funeste. Comment ! le soin de veiller à l'exécution des lois et au maintien de l'ordre public serait le monopole exclusif du Gouvernement central ; il n'appartiendrait qu'à ses seuls agents ; les citoyens, les élus des citoyens n'auraient nul droit de se mêler de ce qui leur importe le plus, de ce qui doit être, au contraire, leur devoir ! Mais alors il n'y a plus, en France, que des fonctionnaires d'un côté et une nation inerte et sans vie de l'autre ; vous ôtez à la société sa plus grande garantie et sa plus grande force.

2° Un second principe, non pas écrit dans la loi, mais passé dans l'esprit et les pratiques de tous les gouvernements de la France, et de plus en plus à chaque révolution, c'est que les fonctionnaires ne doivent pas être placés dans leur pays, mais toujours hors de chez eux.

« On dirait que la France est un pays conquis par son administration, dit le duc de Broglie dans ses *Vues sur le Gouvernement de la France*, page 97 : point de localités où les fonctions publiques soient gérées par des indigènes ; point de localités où les fonctions publiques persistent dans les mêmes mains et se perpétuent dans les mêmes familles. Notre régime c'est l'opposé du *self government*. Nos administrateurs ce sont les Anglais dans l'Inde, ou les Autrichiens en Lombardie. » ...... Système funeste qui, sous prétexte d'éviter de petits inconvénients, en crée d'énormes, qui condamne une élite de la société française à n'avoir plus de foyer domestique, à abandonner, à négliger, à vendre toutes ses propriétés rurales, à passer sa vie dans la servilité pour obtenir sans cesse de l'avancement, et cause dans les populations une irritation profonde. Il faut détruire ce système déplorable.

« Supposez, ajoute le duc de Broglie, des conditions de candidatures sévèrement déterminées par la loi, et dans chaque département une liste de candidats. Supposez, pour l'État, l'obligation de choisir sur cette liste, vous aurez dans chaque arrondissement, au lieu d'une troupe d'oiseaux de passage, rassemblés des quatre vents, prêts à se disperser au premier signal, n'aspirant, chacun pour son propre compte, qu'à prendre son vol pour un meilleur gîte ; au lieu d'une réunion d'hommes tombés des nues, vivant entre eux comme des voyageurs qui dînent à table d'hôte en attendant l'heure de la diligence, ou tout au plus comme vit une légation en pays étranger, n'entretenant avec les naturels du lieu que des relations de service ou de plaisir, vous aurez un corps de fonctionnaires bien assis, ayant feu et lieu, considéré à son propre titre, un corps où chacun ajoutant ses appointements à son patrimoine, sera à peu près content de son sort et se tiendra pour dédommagé de la perspective d'un avancement rapide par l'avantage de vivre au milieu des siens et d'y figurer comme *primus inter pares*..... ; un corps de fonctionnaires préparant aux mesures de l'administration l'assentiment et le concours des administrés, rendant à l'autorité l'appui qu'ils en reçoivent. »

Ces observations si justes expliquent plus d'une de nos propositions de candidature.

3° Il est un troisième principe bien funeste encore : c'est qu'il faut des fonds communs, c'est-à-dire des sommes laissées à la disposition des ministres pour les distribuer entre tous les départements et toutes les communes de France, ou à la disposition des préfets pour les distribuer entre les communes de leur département.

Quant à ceux que les ministres et préfets peuvent distribuer arbitrairement pour les églises, colléges, maisons d'école, institutions et établissements, ponts, etc. etc., ils dépassent bien des millions et s'accroissent sans cesse sous la pression de demandes infinies.

Ce système a pour résultat d'empêcher des communes trop petites pour vivre par elles-mêmes de se réunir à la commune voisine ;

D'engager les départements, les communes dans des dépenses exagérées par l'espérance d'obtenir un secours du ministre ou du préfet;

D'amortir le zèle, l'activité des communes, en ne leur laissant pas la responsabilité de leurs actes, de leur gestion, en les habituant à compter sur d'autres que sur elles-mêmes.

Nous sommes encore à concevoir comment on a osé mettre en pratique ce système si vaste des fonds communs. Ne voit-on pas que c'est la ruine de tout principe d'économie et d'ordre, l'extension indéfinie de l'arbitraire, du favoritisme?

Chaque département, chaque commune, chaque établissement, chaque individu, doit pourvoir à ses dépenses avec ses ressources et ne pas s'ingénier à prendre l'argent de ses voisins.

Nous concevons cependant que quelquefois des départements doivent être secourus, que des communes peuvent être dans le même cas; mais il faut qu'un département ne reçoive un secours que d'une manière spéciale, *par une loi*; qu'une commune ne reçoive que du département par une délibération spéciale du conseil général. Alors il y aura de l'économie au lieu de gaspillage, de la justice au lieu d'arbitraire, et on évitera les ravages de l'esprit d'intrigue et de mendicité, et de la centralisation bureaucratique et paperassière.

Mais il est un autre genre de fonds communs que nous approuvons encore moins : ce sont les fonds destinés à faire de la bienfaisance.

Conçoit-on un ministre donnant directement l'aumône à des pauvres avec l'argent du trésor public?

Peut-on même approuver qu'un ministre soit chargé de faire la distribution de fonds de l'État entre les bureaux de bienfaisance, les hospices, les communes pour faire des œuvres de charité? Que d'abus possibles, infaillibles! que de fonds donnés à la faveur, à l'importunité, à la politique! Mais, lors même qu'il n'y aurait pas de faveurs, de sollicitations menteuses et iniques, de moyens d'influence illégitimes, lors même que le ministre, son chef de division, ses commis, seraient l'impartialité et la conscience mêmes, pourrait-on distribuer ces fonds équitablement ?

Au milieu de ces milliers de communes et d'établissements de toute espèce qui sollicitent tous avec une apparence de droit, car partout il y a des misères, comment faire un choix avec connaissance de cause? comment peser avec sûreté les droits de chacun, en faire une comparaison équitable? comment ne pas se tromper dans la distribution?

Mais il y a plus : presque toujours ceux qui vous demandent, à qui vous accordez, sont moins à plaindre, ont moins de misères à soulager que ceux qui ne demandent pas. Il est plus d'un bureau de bienfaisance de commune rurale qui ne demande rien, parce que personne n'est en état de rédiger convenablement et de faire réussir la demande, ou qu'on n'a point de protecteurs; et cependant là se trouvent des misères poignantes et sans ressources au milieu d'une gêne générale. Il est d'autres communes où il n'y a point de bureau de bienfaisance, non certes parce qu'il n'y a point de pauvres et d'infirmes à secourir, mais parce qu'il y en a trop et point de bienfaits à distribuer. Elles ne reçoivent jamais rien du ministère et de la charité budgétaire.

Du reste, tous ces fonds communs créés sous prétexte de venir en aide aux pauvres avec l'argent des riches, ont toujours en réalité donné plus aux riches qu'aux pauvres.

Mais là n'est pas le plus grand inconvénient de tous ces fonds communs. Ce système a un résultat moral déplorable ; il fait de nous un peuple qui tend toujours la main.

Non-seulement nous avons une multitude innombrable de gens qui sollicitent des places ou des faveurs, mais ceux mêmes qui rougiraient de demander pour leur propre compte se font un point d'honneur de mendier de l'argent pour leur département, leur commune, leur hospice, leur bureau de bienfaisance, leur collège, leur comice, leur église; personne, ni corps, ni individus, ne compte sur ses efforts, son travail, ses ressources, son énergie, son initiative; on compte sur les projets, les lumières, les secours venus d'en haut, sur le gouvernement, sur le préfet, sur le sous-préfet, sur tel ou tel fonctionnaire; on se courbe au lieu d'agir.

Voyons maintenant les principales innovations proposées par notre projet et n'oublions pas que plus une nation est exposée aux révolutions, plus il faut que les choses nécessaires à sa vie ordinaire soient organisées de telle manière qu'elles marchent avec leur action propre, malgré les révolutions, en dehors de ces révolutions.

De même que les lois qui règlent les intérêts privés ne cessent pas de fonctionner avec régularité, même en cas de révolution, de même l'impulsion qui fait marcher les intérêts particuliers ou collectifs des citoyens, des communes, des départements ne doit jamais cesser.

III

Communes.

Les maires doivent être tous nommés par les conseils municipaux. Nous savons toutes les objections qu'on a présentées contre ce système. Mais des raisons plus hautes doivent les faire rejeter et l'Assemblée nationale en a jugé ainsi lorsque dans sa séance du 14 avril dernier elle a décidé dans la loi municipale, provisoire à la vérité, que tous les maires seraient élus par les conseils municipaux, à l'exception toutefois de ceux des villes chef-lieux d'arrondissement ou de département et des villes de vingt mille âmes et au-dessus.

Quant à cette restriction, nous ferons remarquer que dans l'ancienne France jusqu'au règne de Louis XIV, les maires, échevins, consuls furent nommés par les corps municipaux ou les habitants (1) ; l'élection des maires fut rétablie par l'Assemblée constituante; les maires de toutes les villes d'Angleterre sont nommés par les aldermen ou électeurs et non par la couronne, et l'Angleterre n'est pas bouleversée par ces élections, bien au contraire.

Mais, si nous proposons de faire nommer tous les maires par les conseils municipaux, nous voulons échapper au danger des trop grandes communes et notamment de celle de Paris, et en même temps multi-

(1) Dans son beau livre de l'histoire de Henri IV, M. Poirson s'élève contre plusieurs historiens modernes qui ont commis l'erreur d'imputer à ce grand roi d'avoir porté les premières atteintes, les premières restrictions au droit municipal. Il dit au contraire : « le roi laissa pleine et entière, à toutes les villes sans exception, l'administration de la communauté, de la famille municipale et le choix de l'administrateur ; il respecta avec scrupule la liberté des choix dans la nomination des magistrats municipaux, prévôts des marchands, maires, capitouls, consuls, jurats. »

plier le nombre des hommes qui, dans ces villes, doivent s'occuper des affaires locales et des objets d'intérêt public. Nous ne développerons pas ici toutes les raisons que nous avons fait valoir à l'appui de l'amendement que nous avions présenté à la loi municipale et qui a été discuté dans les séances des 0 et 11 avril dernier; le souvenir n'en est pas encore effacé.

Ensuite, si nous voulons partout l'élection des maires par les conseils municipaux, c'est à deux autres conditions : la première, c'est que la garde nationale élisant ses officiers ne sera pas maintenue. Pour la défense du territoire contre l'ennemi la garde nationale est une mauvaise institution qui sera sans doute remplacée par un système militaire analogue à celui de la Prusse ; à l'intérieur, la garde nationale ne conjure pas le danger du désordre, mais l'augmente. Mettre des armes dans les mains de tout le monde pour maintenir l'ordre, n'est-ce pas aller contre son but, préparer la guerre civile, entraver, annuler l'action de l'armée lorsqu'elle est appelée à la défense des lois et de la paix publique ? Nous ne voulons point de maires ayant des soldats à leurs ordres.

La seconde condition, c'est qu'on maintiendra la suppression de l'article 75 de la Constitution de l'an VIII et que le maire pourra être poursuivi sans autorisation préalable, pour tout délit commis dans l'exercice de ses fonctions.

IV.

Canton et Arrondissement.

Bien des personnes voudraient créer dans le canton une administration véritable ayant son budget et son action propre.

Nous ne croyons pas qu'on doive créer dans le canton autre chose qu'un corps consultatif, et encore là où ce sera possible, car il y a des cantons si petits qu'on ne peut y rien organiser ayant quelque vie, et dans les cantons composés de villes importantes il n'aurait pas de raison d'être, les conseils municipaux de ces villes suffisant parfaitement à faire connaître les vœux de ces cantons.

Si l'on créait un conseil cantonal avec budget, il aurait tendance à absorber les communes. Ces 2000 à 3000 administrations nouvelles

accroîtraient les charges ; les impôts seraient augmentés et l'argent serait dépensé souvent d'une manière fort improductive en bâtiments et
en personnel.

Si l'on voulait donner au conseil cantonal une tutelle sur les communes, il ne serait pas assez haut placé, il n'aurait pas assez de lumières pour la bien exercer.

Nous reconnaissons parfaitement qu'un conseil cantonal peut être
utile comme corps consultatif et comme moyen d'accoutumer un plus
grand nombre de personnes à s'occuper des affaires publiques et à les
traiter en commun, mais là doit se borner son rôle.

Un grand nombre de personnes voudraient supprimer l'arrondissement.

Nous ne saurions partager cette manière de voir.

Sans doute, le conseil d'arrondissement n'a, pour ainsi dire, rien à
faire aujourd'hui. Nous croyons qu'on peut le transformer et rendre
son action très-utile.

Nous n'avons pas la pensée d'en faire un petit conseil général ayant
son budget ; les mêmes raisons qui nous font repousser l'administration
cantonale s'appliquent à l'arrondissement, mais nous proposons de
transporter à son conseil la tutelle sur les communes, exercée aujour-
d'hui par les préfets, et en Belgique par les commissions permanentes
des conseils provinciaux présidées par le gouverneur. En créant une
commission permanente du conseil d'arrondissement, présidée par un
agent de l'État, mais choisi parmi les élus du pays, nous croyons qu'on
aurait tout autant de garanties de lumières et une instruction plus rapide des affaires, une plus grande facilité d'examiner les choses sur les
lieux, de les arranger et de les terminer.

Maintenir l'arrondissement c'est conserver un foyer de vie locale
dont la perte serait funeste ; centraliser les choses et les hommes au
chef-lieu du département, ce serait méconnaître le but que l'on veut
atteindre.

V

Département.

Nous proposons deux innovations capitales : la suppression des conseils de préfecture comme juges, et la nomination par le conseil général d'un administrateur.

La justice ordinaire est décentralisée en ce sens que les procès criminels et civils se jugent souverainement dans les différentes parties de la France par des tribunaux indépendants et non par les bureaux des préfectures et des ministères, mais à côté de la justice ordinaire, il y a une justice exceptionnelle qui n'est nullement décentralisée.

Pour statuer sur les procès relatifs aux travaux publics, aux délits de voirie, à tous les marchés et entreprises passés avec les administrations communales, départementales et avec l'État, on a institué, en l'an VIII, une justice administrative dans la dépendance absolue du gouvernement; les conseils de préfecture, composés de fonctionnaires révocables à volonté, sont les tribunaux de première instance pour ces procès, et le conseil d'Etat, composé de quelques fonctionnaires également révocables, est le seul tribunal d'appel pour toutes ces affaires de la France entière.

Il était dans l'esprit de l'institution des conseils de préfecture de choisir ces juges administratifs parmi les jurisconsultes du département même; mais maintenant on les choisit de plus en plus parmi les jeunes gens qui, voulant suivre la carrière administrative, vont occuper, n'importe où, une de ces places qu'ils aspirent à quitter bien vite pour une autre meilleure. Peut-on en espérer la moindre indépendance?

Cette justice exceptionnelle compromet en réalité les intérêts des communes, des départements, de l'Etat, car elle écarte, sauf de rares exceptions, les hommes les plus honorables, les plus solvables, de tout marché avec une administration qui se réserve le droit, en cas de contestation, d'être juge et partie; c'est un triste moyen de rendre l'administration maîtresse de tous ceux qui traitent avec elle, et le nombre en est immense.

Si on voulait organiser les tribunaux administratifs avec les garanties des tribunaux ordinaires, à quoi bon conserver une justice exceptionnelle? s'ils n'ont pas la garantie de l'indépendance par l'inamovibilité, la publicité de la défense orale, des formes tutélaires, ils ne sont que des instruments et non des tribunaux.

On invoque, mais à tort, les avantages du bon marché de cette jus-

tice exceptionnelle, en comparaison des frais considérables des tribunaux. La justice civile est fort chère, parce qu'on en a fait un moyen
de recettes très-considérables pour le trésor public; qu'on dispense
des droits du fisc devant les tribunaux ordinaires,les procès jugés aujourd'hui par la justice administrative, et sous le rapport des frais la
position des justiciables sera la même, ou plutôt beaucoup meilleure;
on ne les forcera plus à venir soutenir leurs procès au chef-lieu du
département en première instance, et en appel au conseil d'Etat, à
Paris, souvent à cent ou deux cents lieues de leur domicile et avec des
faux frais énormes.

Dira-t-on que les travaux publics coûteront plus pàrce que les tribunaux feront perdre des procès à l'administration, tandis qu'aujour-
d'hui elle est toujours maîtresse de ce qu'elle veut accorder aux entrepreneurs : ce serait avouer un singulier arbitraire, de singulières injustices, et fort mal raisonner au point de vue même de l'intérêt. Les
entrepreneurs feront toujours entrer en ligne de compte cette possibi-
lité même d'être ruinés, et ils demanderont des prix plus élevés que
s'ils étaient sûrs d'une justice exacte à leur égard, à moins, ce qui
serait encore pire, qu'ils n'espèrent acheter le silence et la complicité
des agents inférieurs de l'administration, lors de l'exécution des
travaux.

Quant à la répression des délits de voirie, elle serait beaucoup plus
prompte, plus juste, plus efficace, étant confiée aux tribunaux de police simple et correctionnelle.

L'institution de la justice administrative, c'est-à-dire de l'arbitraire
centralisé pour le règlement d'affaires dont l'ensemble est colossal,
doit donc être abolie, et tous ces procès doivent être jugés par les tribunaux ordinaires. A ceux qui s'effrayeraient, je ne sais pourquoi,
d'une mesure si simple, je rappellerai que l'expérience a prononcé;
à nos portes, chez un peuple qui fut français, en Belgique, la justice
administrative est supprimée depuis quarante ans, les tribunaux jugent
tous ces procès et cette suppression n'a eu aucun des inconvénients que
l'on craint.

Administrateur.

Les conseils généraux sont la seule institution nouvelle qui soit entrée dans les mœurs ; mais il lui manque un principe fécond que le gouvernement doit lui donner, dans son intérêt comme dans celui de la France.

Le corps municipal d'une commune, composé du maire, des adjoints et du conseil, présente un tout complet. Là se trouvent la délibération et l'action. Des hommes du pays, nommés directement ou indirectement par leurs concitoyens, votent les dépenses , préparent les projets, les adoptent, les exécutent ; la pensée et l'exécution sont homogènes.

Il n'en est pas de même pour le département. Le conseil général est bien le produit de l'élection comme le conseil municipal : mais celui qui exécute les délibérations de ce grand conseil, celui qui administre, n'est pas l'homme choisi par ses concitoyens, n'est pas l'homme du pays, c'est le préfet.

Le préfet a une double fonction : il est l'agent du pouvoir central, veillant à l'exécution des lois et des ordres du gouvernement, il est aussi l'administrateur direct des finances, des propriétés, des affaires du département.

Ses fonctions de commissaire général doivent être soigneusement conservées ; dans une sphère encore plus élevée, ainsi que nous le verrons tout à l'heure, elles maintiendront l'unité et le bon ordre dans l'Etat ; mais ses fonctions d'administrateur particulier des affaires départementales doivent passer dans d'autres mains , pour l'intérêt des départements, de la prospérité générale et du gouvernement lui-même.

Le Préfet est actuellement surchargé d'affaires et de détails de toute espèce ; les petites choses lui font nécessairement négliger les grandes. Lui ôter les attributions minutieuses et si étendues d'administrateur municipal du département, exonérer le gouvernement de la responsabilité morale de toutes les fautes que peut faire en cette qualité le préfet étranger aux localités, c'est une mesure éminemment utile au gouvernement, qui doit se garder de tout faire , mais veiller à ce que chacun fasse, sans violer la loi de l'Etat, ce qu'il a le droit ou le devoir de faire.

D'un autre côté, n'est-il pas à désirer, dans l'intérêt du public et du gouvernement, que les ministres cessent d'être surchargés d'affaires de détail, et que la paperasserie diminue et recule au lieu d'envahir de plus en plus toutes les parties de l'administration ? Ces affaires de détail enlèvent aux ministres le temps si précieux qu'ils doivent consacrer aux grandes affaires. Sous ce régime abrutissant, ils ne sont plus des hommes d'État, mais des hommes de peine, des griffes à signatures ; en réalité, leurs commis prennent les décisions sans en avoir la responsabilité, leurs commis sont leurs maîtres. Eh bien, une des grandes causes de cet encombrement des dossiers dans les ministères, c'est l'attribution donnée aux préfets de l'administration directe des intérêts départementaux.

Comme le préfet est l'autorité la plus élevée du département et qu'on ne pouvait cependant le laisser sans contrôle, on a dû nécessairement attirer à Paris l'examen de presque toutes les affaires départementales, tandis que si, au-dessous du représentant direct du pouvoir, il y avait des administrateurs locaux de toutes ces affaires, le contrôle de leurs actes pourrait naturellement lui être attribué et non plus aux commis de la capitale. Ce serait un bien pour l'autorité morale du préfet ou gouverneur, placé dans une sphère plus haute, ainsi que pour le ministre débarrassé des détails et rendu à sa véritable mission.

Quant à l'avantage pour les départements, il est évident.

D'abord ils échapperaient aux lenteurs de la bureaucratie et à cette nécessité de solliciter sans cesse dans la capitale, qui refroidissent si souvent le zèle et étouffent tant d'améliorations.

La politique présidant toujours aux choix des préfets, très-peu sont de bons administrateurs départementaux.

Sans parler de tant d'autres occupations de tout genre qui les distraient de la bonne gestion de ces intérêts locaux, comment pourraient-ils les bien administrer ? Ils sont changés très-souvent, ils ne connaissent presque jamais complétement les affaires du département, et, lorsqu'ils commencent à les bien connaître, on les envoie presque toujours dans une autre résidence.

Les préfets étrangers aux départements qu'ils administrent sont indifférents à sa prospérité. Comme ils savent parfaitement que la manière dont ils rempliront la partie politique de leurs fonctions leur procurera seule de l'avancement et des faveurs, ils s'attachent surtout à cette partie, capitale pour eux, et ils négligent le reste.

Si par hasard ils s'occupent avec ardeur de quelques projets d'établissement public, c'est presque toujours un travail qui, par sa grande importance, attirera l'attention du public et du ministre, leur fera honneur, mais sera la ruine des finances du département.

On dit bien que le Conseil général stimule et surveille le Préfet.

Le Conseil peut quelque chose sans doute, mais peu.

Le Conseil ne se réunit qu'une fois par an pendant quelques jours ; il voit les affaires avec soin, je le veux bien, mais en passant. Plus d'un Conseil général, depuis quelques années surtout, et en l'absence de toute publicité réelle, se débarrasse des affaires avec une prestesse qui lui permet de s'en aller quatre ou cinq jours après sa première séance. Il n'en serait pas ainsi, certainement, si on rétablissait, comme nous le proposons, la publicité des séances des Conseils généraux. Cette mesure doublerait leur activité, leur importance et leur utilité. Mais la publicité est insuffisante ; tous les projets sont élaborés, préparés dans les bureaux de la Préfecture et par les agents du pouvoir central ; le Conseil général qui décide n'a point d'expérience pratique ; il ne peut pas réellement contrôler les projets, leur en opposer d'autres. N'est-il pas obligé d'adopter ce qu'on lui présente, sauf à gémir ensuite sans fruit sur l'erreur et la négligence de l'administration ?

D'un autre côté, le Conseil général n'étant pour rien dans l'exécution, confiée tout entière au Préfet, agent du pouvoir central, l'action des hommes du pays est nulle et la routine est souveraine. Le Préfet exécute souvent à l'aide d'administrations hiérarchiques, comme celle des ponts et chaussées par exemple, recevant leur impulsion du centre, devant toujours suivre des règles uniformes, adoptées pour la France entière ; tout s'immobilise, tout devient routine : plus d'innovations heureuses, plus d'esprit d'initiative, plus d'élan et d'améliorations fécondes dans les travaux de toute espèce.

Avec une administration choisie par le Conseil général, tous ces inconvénients disparaissent

D'abord un Conseil général, traitant des affaires positives et voyant les hommes à l'œuvre, nommerait nécessairement des hommes capables, des hommes distingués. Lorsqu'un corps choisit dans son sein celui qui doit le représenter, défendre ses intérêts les plus graves, il est impossible qu'il choisisse l'homme nul ou taré qui déconsidérerait le corps et trahirait ses intérêts. L'expérience démontre chaque jour cette vérité.

Ensuite cette administration, n'ayant pouvoir [que sur les affaires municipales du département, sans tutelle sur les communes, sans aucune attribution politique, aurait le temps de connaître parfaiteme nt ces affaires et de s'en occuper très activement.

L'expérience de la bonté de l'institution que nous réclamons n'est-elle pas faite sur une petite échelle tous les jours et partout ? Chaque commune a une administration municipale composée nécessairement d'hommes du pays, élus directement ou indirectement par leurs concitoyens.

L'analogie entre la commune et le département est frappante. La ville a ses hôpitaux, ses écoles primaires, ses collèges, ses salles d'asile, ses corps de garde ; le département a ses hospices d'aliénés, ses enfants trouvés. ses écoles normales, ses casernes de gendarmerie ; la ville a son hôtel de ville, le département ses hôtels de préfecture et de sous-préfecture, la ville a ses chemins, ses rues, le département a ses routes, ses grands chemins, etc.

On s'est trouvé parfaitement bien d'avoir des maires et des adjoints désignés par le choix de leurs concitoyens, hommes du pays, et on n'a pas encore imaginé d'envoyer de la capitale des maires et des adjoints à toutes les communes. On peut être certain que si jamais on avait recours à ce système, leur prospérité serait tarie dans sa source et que la population serait encore bien plus difficile à conduire et à maintenir, parce qu'il n'y aurait aucune autorité intermédiaire libre pour éclairer le pouvoir central et les administrés et que rien n'adoucirait les frottements de la machine gouvernementale.

Pourquoi ce qui réussit si bien pour les communes ne réussirait-il pas pour les départements ? L'administration municipale d'une ville et l'administration municipale d'un département ont de grandes analogies : les élus du Conseil général veilleront aux établissements, aux travaux, aux routes, aux finances du département, comme le maire et les adjoints veillent aux établissements, aux travaux, aux chemins, aux rues, aux finances de la ville ; on trouvera chez les premiers le zèle, l'émulation des seconds et même bien davantage, car le théâtre séra plus élevé, la récompense d'estime et de considération plus grande encore.

D'ailleurs, l'exemple des pays d'États qui administraient ainsi une partie de la France, il y a quatre-vingts ans à peine et beaucoup mieux que les intendants, n'est-il pas la preuve sans réplique de l'excellence de cette institution.

Mais pour que ces élus du Conseil général puissent faire le bien qu'on en attend, il faut qu'ils aient sous leurs ordres les agents indispensables pour agir et créer. Le succès est à ce prix.

Malgré ce que nous avons dit plus haut, il semblera peut-être, même à des personnes disposées à diminuer la centralisation administrative, que, dans un intérêt d'économie, les agents du gouvernement doivent continuer à être les agents du département. Pourquoi, notamment le département, aurait-il ses receveurs et percepteurs particuliers, ses ingénieurs, au lieu d'avoir ceux du Gouvernement ?

Les finances du département doivent être séparées des finances de l'État, dans l'intérêt de l'État lui-même. Le Gouvernement, ayant aujourd'hui la nomination de tous les agents de perception , le Gouvernement étant le seul collecteur, les sommes demandées pour les communes et le département se confondent dans l'esprit des masses avec les sommes réclamées pour l'État ; le Gouvernement porte la responsabilité de tout, et les charges votées par la commune elle-même, par le département lui-même, accroissent les mécontentements qui s'élèvent contre lui et contribuent aux révolutions. Avec des percepteurs nommés par le département, recevant uniquement les sommes votées par la commune et par le département, le Gouvernement sera déchargé de ces impôts votés par les localités et perçus par leurs agents.

La dépense ne serait pas plus grande. Les percepteurs de l'État conservés auraient des circonscriptions plus étendues, et une partie d'entre eux deviendraient percepteurs du département et des communes.

Quant aux ingénieurs employés aux travaux du département, les motifs pour les faire nommer par l'administration du département ne sont pas moins puissants. Si l'on veut qu'il y ait de l'initiative, des améliorations, des économies dans la création, dans l'entretien des travaux départementaux, il ne faut plus enlacer les ingénieurs dans les

entraves de cette hiérarchie énervante qui maintient la routine et crée
l'immobilité ; il faut que l'ingénieur s'attache au département et ne
soit pas sans cesse prêt à le quitter pour une place meilleure ; il faut
que le département puisse prendre le mérite, le zèle, le dévouement
partout où ils se trouveront ; qu'il ne regarde pas de quelle école on
sort, mais ce que l'on sait, ce que l'on est capable de faire. Chaque
département a un intérêt immense à choisir les ingénieurs les plus capables, les plus actifs, les plus économes ; qu'on le laisse libre de
choisir, et l'on sera étonné, après quelques années, de voir entre tous
les départements, entre tous les ingénieurs, une émulation féconde ;
ce sera à qui fera le mieux et le plus économiquement ; les plus beaux
succès seront dûs à la liberté et à l'intérêt bien entendu des populations.

Voilà quelques raisons pour justifier la nomination par le département des deux ordres de fonctionnaires qui pourront soulever le plus
d'objections. Mais combien d'autres raisons pour créer une véritable
administration départementale ?

Avec un Pouvoir exécutif central qui dispose d'un nombre immense
de places, la liberté n'est qu'un mot et la stabilité est impossible ; la
nation souveraine se transforme en solliciteurs fonctionnaires ou solliciteurs sans fonctions, qui veulent une révolution pour conquérir les
places vainement postulées, et sont toujours dans la servilité ou dans
la révolte. Diminuer le nombre des places à la nomination du Gouvernement, ce n'est pas l'affaiblir, mais le stabiliser. Si le Gouvernement
nouveau n'avait point de places à donner, ferait-on une révolution ?

Dans notre système, les places du *Gouvernement* seront diminuées
de toutes celles qui seront attribuées au département, et ces dernières
places seront alors occupées presque toujours par des hommes du pays
qui ne seront pas des fonctionnaires nomades, et que l'on pourra payer
moins cher parce qu'on ne les arrachera pas à tous leurs intérêts.

VI

La Province.

Les affaires municipales des communes, des arrondissements, des

départements, étant ainsi organisées, où sera, nous dira-t-on, le représentant de l'autorité centrale?

, Voulez-vous faire des espèces de Républiques sans contrôle?

A Dieu ne plaise! Nous n'aimons pas ce qui est sans contrôle, et
plus nous aimons les institutions locales libres et actives, plus nous
désirons les préserver de leurs écarts et les maintenir dans l'unité et
une règle raisonnable.

Le représentant du pouvoir central, débarrassé de l'examen et de
l'approbation nécessaires de toutes les délibérations des communes,
exonéré de la charge d'administrateur municipal du département,
verra sans doute diminuer la quantité de ses travaux, mais non leur
importance. Il doit être, au contraire, dans une sphère plus élevée, et
porter un nom nouveau qui indique que ce n'est plus le Préfet actuel,
un nom qui dise bien ce qu'il est, le représentant suprême du Gouvernement, celui de Gouverneur.

Le Gouverneur ne serait plus à la tête d'un seul département, mais
d'une province comprenant plusieurs départements, comme le lieute-
nant général exerce le commandement militaire, et la Cour d'appel la
juridiction sur plusieurs départements, comme l'archevêque est à la
tête d'une province ecclésiastique comprenant plusieurs diocèses.

Le Gouverneur, assisté de ses Conseillers, choisis par le chef du
Pouvoir exécutif parmi les membres des divers Conseils généraux de
la province, doit avoir, dans l'administration, des pouvoirs analogues
à ceux qui sont dévolus aux Cours impériales, dans la justice, et statuer, en appel et définitivement, sur presque toutes les questions qui
sont, aujourd'hui, décidés à Paris dans les bureaux du Ministère et au
Conseil d'État.

Cette grande mesure diminuerait la responsabilité du Gouvernement, en augmentant son influence véritable. Aujourd'hui, comme il
se mêle de régler et de décider presque tout lui-même, il est en contact et en conflit direct avec les populations; laissant, au contraire, la
décision aux Gouverneurs et à leurs Conseils, sa responsabilité diminue, et lorsqu'on aura recours à lui, dans certains cas graves, pour
rectifier des erreurs ou des injustices, le Gouvernement sera réellement
dans la sphère qui lui convient; il exercera une haute protection
apparaissant comme un bienfait.

L'Administration sera ainsi heureusement simplifiée. Les Ministres n'auront plus à correspondre qu'avec vingt-quatre Gouverneurs, et il sera plus facile de trouver vingt-quatre hommes d'une grande capacité et d'une grande activité, que d'en trouver quatre-vingt-six pour ces hautes fonctions si difficiles.

Pour la construction et l'entretien des établissements qui intéresseraient la province entière, comme les palais du Gouverneur et de la Cour d'appel, pour la création de grands travaux et de grandes institutions, chaque Conseil général de la province enverrait, sur la convocation du Gouverneur, un nombre déterminé de ses délégués, qui, tous réunis et formant le Conseil provincial, voteraient, au besoin, les travaux et les crédits nécessaires; ces sommes seraient portées, comme dépenses obligatoires, aux budgets des départements, et dépensées par les soins des administrateurs des départements où seraient situés ces établissements.

S'il se présentait de grandes crises, des révolutions, des invasions, le Gouverneur pourrait convoquer ces délégués des Conseils généraux de la province, et s'appuyer sur l'élite des représentants d'un grand pays pour prendre des mesures de salut public.

Les partisans des provinces nous diront peut-être : Pourquoi conservez-vous les départements, et ne réunissez-vous pas toutes les attributions dans la province ?

Certes, si les anciennes provinces n'avaient pas cessé d'exister, nous ne serions pas de ceux qui voudraient les supprimer ; mais cette division en départements existe depuis quatre-vingts ans, il y a des habitudes prises, des intérêts nouveaux considérables, des droits acquis. Après de longues révolutions, les questions se résolvent et les esprits se calment par des transactions entre le passé et le présent, et c'en est une que nous proposons : transaction heureuse, nous le croyons, et qui ne nous paraît n'avoir que des avantages.

L'Administration municipale du département nous semble en position parfaite pour être bonne, ni trop grande, ni trop petite. Le Conseil général, composé de membres élus par chaque canton, est en nombre suffisant pour avoir de l'autorité et exciter l'émulation, assez restreint pour discuter utilement. Avec un Conseil général unique par province, il faudrait réunir plusieurs cantons pour nommer un seul conseiller, car sans cela les Conseils généraux seraient trop nombreux pour délibérer et décider convenablement les affaires ; il y aurait, d'ailleurs, des inconvénients sous d'autres rapports, diminution de l'influence des campagnes, et nomination de conseillers que les électeurs ne connaîtraient pas bien, diminution du nombre d'hommes s'occupant utilement et gratuitement des affaires publiques, contact immédiat du Gouverneur avec le Conseil général. La province serait si grande, que le Conseil général unique pourrait ne pas avoir toujours une connaissance suffisante des hommes et des choses ; l'administration de ses élus serait si vaste, qu'elle pourrait être moins bonne, exciter des prétentions exagérées, et, d'autre part, l'inquiétude du pouvoir central, faire naître des conflits avec le Gouverneur, trop en contact avec les élus et trop peu élevé au-dessus d'eux.

Mais si nous conservons les départements, nous n'en voulons pas moins créer une vie sérieuse pour les provinces, et afin d'entrer dans cette voie il faut faire revivre leurs noms glorieux.

L'Assemblée constituante, voulant faire une France toute nouvelle et une révolution radicale, a craint de trouver dans les souvenirs et l'existence même des provinces des obstacles, des résistances à ses projets ; elle a tout brisé, tout nivelé. Maintenant que la révolution radicale est faite depuis longtemps, que tout ce qui était mauvais est à jamais détruit, ne s'aperçoit-on pas qu'on a fait aussi des destructions funestes, que lorsqu'on brise toutes les traditions et qu'on ôte à une nation tout son passé, on lui enlève en même temps l'avenir ?

Il ne s'agit pas, qu'on le comprenne bien, de rétablir toutes les provinces, grandes ou petites, de l'ancienne France, et de leur conserver leurs limites d'autrefois, souvent fort étranges et déchiquetées.

Nous voulons conserver les limites des départements actuels et faire revivre, en même temps, les noms de ces grandes provinces connues du monde entier.

Si, en refaisant des provinces considérables, on rétablit des noms qui sont mêlés à tous les événements de notre histoire, que tant de grands hommes ont illustrés, qu'on ne peut pas plus ignorer que celui de la France, soyez convaincu qu'on fait à la France un avenir en ranimant l'honneur de son passé.

Un habitant des départements de la Côte-d'Or, de Saône-et-Loire ou de l'Yonne, dira-t-il avec orgueil qu'il est un Côtedorois, un Saône-et-Loirais, un Yonnais? Le dernier paysan de ces départements dit la tête haute qu'il est Bourguignon, même celui dont les pères ne l'étaient pas; il s'honore de ce nom, qu'il sait vaguement avoir été grand dans l'histoire. S'il en est ainsi dans le pays de France qui a adopté la Révolution avec le plus d'ardeur patriotique, ne serait-elle pas partout populaire, la loi qui rendrait leurs noms glorieux à la Bretagne, à la Normandie, à la Champagne, à la Lorraine, au Dauphiné, à la Provence, au Languedoc, et à toutes les grandes provinces, parties intégrantes de l'histoire et de la gloire de la France?

Si on imaginait de priver nos villes de leurs noms, qui se perdent dans la nuit des temps, et de leur imposer des noms de ruisseaux et de collines; si on imaginait de priver les familles de leurs noms illustrés par de belles actions ou honorés par des vertus modestes, et de leur imposer des noms de plantes, ne trouverait-on pas la chose absurde, destructive de toute émulation, de toute dignité, de toute solidarité féconde de vertus et d'honneur? Si l'on imaginait d'arracher le nom de la France de nos monuments, de nos lois, de nos bouches, pour nous affubler du nom de la nation de Seine, Loire, Rhône et Gironde, tout le monde ne trouverait-il pas cette idée ridicule, odieuse, antipatriotique? Eh bien! pourquoi avons-nous fait chose pareille pour nos illustres provinces, et pourquoi ne leur rendrait-on pas leurs noms antiques, qui sont sans cesse dans la bouche de tout le monde, et toujours vivants malgré les lois?

Louis-Philippe a eu la belle idée de faire du magnifique palais de Versailles le musée national de la France, de réunir et de confondre les hauts faits et les gloires du présent avec les gloires du passé. Malgré la diversité des opinions politiques, qui n'a pas applaudi? qui aurait voulu dépouiller la France de ses grands hommes, parce qu'ils dataient d'avant 1789? Eh bien! ne dépouillons pas la France des noms illustres de ses grandes provinces, d'une gloire qui se confond avec la sienne et la complète.

Soixante ans après la Révolution, sur la place de Clermont-Ferrand, nous lisions avec émotion, au-dessous d'une statue, ces mots : *Au général Desaix. L'Auvergne reconnaissante!* Qu'aurait dit à notre esprit et à notre cœur la reconnaissance du Puy-de-Dôme, du Cantal et de la Haute-Loire, de deux montagnes et d'un torrent? Mais ces mots avaient été tracés par des hommes dont les aïeux avaient formé un peuple, dont les pères avaient sans doute frémi d'admiration et d'orgueil en apprenant le mot sublime de leur compatriote d'Assas : *A moi, Auvergne!* Voilà comment les populations elles-mêmes comprennent l'union des vieilles et des jeunes gloires de la France.

En 1850, sachant bien, dans ses vues ambitieuses, que pour s'emparer des cœurs des populations, il fallait réveiller ces vieux noms de nos glorieuses provinces, le Président de la République disait, aux applaudissements d'une foule immense, dans l'ancienne capitale de l'Alsace :

« Je suis heureux, Strasbourgeois, de penser qu'il y a communauté de sentiment entre vous et moi. Comme moi, vous voulez notre patrie grande, forte, respectée; comme vous, je veux l'Alsace reprenant son ancien rang, redevenant ce qu'elle a été durant tant d'années, l'une des provinces les plus renommées, choisissant les citoyens les plus dignes pour la représenter, et ayant pour l'illustrer les citoyens les plus vaillants !

« A l'Alsace ! »

Et maintenant même, dans les douloureuses discussions qui viennent de précéder et de suivre les préliminaires de paix, lorsqu'on parlait des pays que le triomphe de la Prusse et sa politique implacable enlevaient à la France, quels orateurs ont jamais déploré la perte des Hauts et des Bas Rhénois, des Mosellois; tous parlaient, avec des larmes dans les yeux, des Alsaciens et des Lorrains, arrachés à la patrie commune; l'Alsace et la Lorraine étaient dans toutes les bouches et dans tous les cœurs.

Que l'on ne craigne donc pas les provinces et leurs noms si grands dans le passé, rien ne sera plus populaire, plus fait pour relever les cœurs et le patriotisme.

VII

Dernières considérations.

Les grandes réformes que nous proposons sembleront trop hardies à beaucoup d'esprits distingués mais timides; ils se croiront bien sages

en adoptant seulement quelques changements de détail à l'organisation
administrative de la France.

Mais pour rendre aux Français dans toutes les parties de la France,
l'esprit d'initiative, d'amélioration, de dévouement, la dignité des caractères et la virilité, ces qualités et ces vertus qui font et conservent
les grandes nations et que la centralisation excessive a tuées dans notre
malheureux pays, il faut plus que des palliatifs, il faut des changements profonds. Aux grands maux, les grands remèdes.

Les nations chrétiennes sont guérissables; il faut combattre et chas-
ser les vices qui causent la langueur de la France et la menacent de
décomposition et de mort.

Avec les réformes que nous proposons et qui ne sont pas les seules
à faire, la vie renaîtra partout.

Les activités, débarrassées d'une tutelle étouffante, trouveront à
s'occuper dans leur pays; les capacités se feront connaître par des
œuvres utiles; il se formera au maniement des affaires, de véritables
administrateurs, des hommes politiques dans chaque département; il
se révélera partout des hommes qu'on ignore et qui s'ignorent eux-
mêmes. Bien des projets d'amélioration, qui sont impraticables et funestes lorsqu'on veut en charger l'État qui succombe sous le faix, de-
viendront possibles lorsque des institutions locales, généreuses et vi-
vaces pourront les mettre à exécution. La société ne sera plus aussi
tourmentée par l'agitation fébrile d'une seule ville; les partis anar-
chiques perdront tout ce que les libertés réelles et les progrès véritables auront gagné; le sang n'affluera plus en trop grande quantité au
cerveau, mais circulera dans toutes les parties du corps social, qui
non-seulement reviendra à la santé, mais sera plus actif et plus vigou-
reux.

Les révolutions seront impossibles, la France sera invincible, parce
que les révolutionnaires et les envahisseurs trouveront partout des
forces vives et organisées, des résistances viriles et patriotiques.

PROJET DE LOI

DE DÉCENTRALISATION.

—

(Nous n'avons formulé dans ce projet que les changements législatifs à faire, dans le sens de la décentralisation et seulement sur l'organisation de la commune, du canton, de l'arrondissement, du département, de la province. Les lois ou articles de lois qui ne seraient pas abrogés par ce projet ou remplacés par ses dispositions continueraient à subsister).

CHAPITRE Ier.

COMMUNES.

ARTICLE PREMIER.

Une commune ne devra pas avoir plus de cent mille habitants.

Les communes qui dépassent ce chiffre ou qui le dépasseront à l'avenir seront divisées par une loi en deux ou plusieurs communes qui auront leurs conseils municipaux, leurs maires et adjoints, leurs budgets.

Des commissions spéciales composées des délégués des conseils municipaux des communes ainsi créées règleront leurs affaires communes.

Art. 2.

Dans toutes les communes les maires et adjoints seront nommés par les conseils municipaux (1). Ils seront choisis parmi les membres du conseil municipal et ne cesseront pas d'en faire partie. Ils ne seront nommés que pour deux ans mais seront rééligibles.

(1) Cette proposition est faite dans la prévision de la suppression de la garde nationale.

Dans le cas où un maire refuserait ou négligerait de faire un acte qui lui est prescrit par la loi, le Gouverneur ou le commissaire d'arrondissement, après l'en avoir requis, pourront y procéder d'office par eux-mêmes ou par un délégué spécial.

En outre, lorsqu'un maire n'aura pas exécuté une loi qui lui ordonnait ou lui défendait de faire un acte d'administration, il pourra être traduit devant le tribunal civil par le ministère public, conformément à l'article 50 du Code civil, et condamné à une amende qui ne pourra excéder deux cents francs.

Art. 3.

Les conseils municipaux se réuniront dans la première semaine des mois de février, mai, août et novembre sur la convocation des maires et sans que le Gouverneur intervienne pour en fixer le jour.

Art. 4.

Tous les ans avant que le conseil s'occupe du budget, le maire fera, dans une séance où le public sera admis, un rapport sur l'administra-/ tion et la situation des affaires de la commune.

Le jour et l'heure seront indiqués à son de caisse, au moins trois jours d'avance. (Art. 70 de la loi Belge).

Art. 5.

Toute délibération ou avis du conseil municipal sera, dans les huit jours, publié à son de caisse.

Tout habitant majeur de la commune ou contribuable sur la commune pourra prendre connaissance, sans déplacement des budgets et comptes qui resteront déposés à la mairie, ainsi que des procès-verbaux des séances du conseil municipal et tout journal pourra les publier.

Art. 6.

Les membres des bureaux des collèges, des commissions administratives des hospices, des bureaux de bienfaisance ou autres établissements de charité, les médecins ou chirurgiens de ces établissements, nommés actuellement par le Préfet ou le Ministre, seront nommés par les conseils municipaux qui ne pourront choisir que des personnes présentées ou agréées par ces commissions ou bureaux.

En cas de désaccord les choix seront faits par la Commission permanente du Conseil d'arrondissement.

Ces dispositions ne sont pas applicables aux administrations des hospices dont les membres se renouvellent par un mode particulier de nomination.

Le receveur municipal dans les communes dont le revenu excède 30,000 fr., les voyers, architectes et autres employés ou agents de la commune seront nommés ou choisis par le conseil municipal, sur la présentation du maire. Ils pourront sur sa demande, être destitués par le même conseil.

Les instituteurs des écoles communales seront nommés par le conseil municipal, mais choisis parmi les personnes ayant fait les preuves de capacité et de moralité exigées par la loi et sur la présentation de candidats faite par l'inspecteur des écoles primaires et le comité local de surveillance.

Les professeurs des colléges communaux seront nommés par le conseil municipal, mais choisis parmi les personnes ayant fait les preuves de capacité et de moralité exigées par la loi, le maire et le bureau du collége auront chacun droit de présentation.

Les instituteurs et les professeurs pourront être suspendus par le conseil municipal, avec privation de traitement, ou même destitués. Dans le premier cas, le comité local et l'inspecteur des écoles primaires, et dans le second, le bureau du collége devront donner leur avis au conseil avant sa décision.

Les instituteurs et professeurs pourront se pourvoir contre cette décision devant la commission permanente du conseil d'arrondissement qui pourra les maintenir dans leurs fonctions au moins pendant une année.

Art. 7.

Le conseil municipal, pour éviter les frais d'établissement d'une école primaire, pourra faire un traité avec le directeur d'une école libre, pourvu que cette école remplisse les conditions exigées pour une école comaiunale.

Le conseil municipal pourra faire un traité avec un professeur ou une association de professeurs pour son collège communal ; ces professeurs devront satisfaire aux conditions exigées pour être aptes à fonder un établissement d'instruction secondaire.

Dans ces deux cas, les projets de traités seront soumis à une enquête *de commodo et incommodo* faite dans la commune, et sans laquelle le conseil municipal ne pourrait prendre une délibération définitive.

Ces traités ne pourront être faits pour plus de dix années.

Les collèges communaux ne seront soumis qu'aux obligations et à la surveillance imposées aux établissements libres d'instruction secondaire par la loi qui organisera la liberté de l'enseignement.

Art. 8.

Les commissaires de police seront nommés par le Gouverneur sur une double liste de deux candidats, l'une présentée par le conseil municipal, l'autre par la commission permanente du conseil d'arrondissement. Le Gouverneur peut les révoquer.

Les places de commissaire de police actuellement existantes ne peuvent être supprimées qu'avec l'autorisation du Gouverneur.

Il ne peut en être créé de nouvelles que par le Gouverneur du consentement du conseil municipal.

Il peut être nommé par le conseil municipal, sur la présentation du maire, des adjoints aux commissaires de police exerçant, sous l'autorité de ces commissaires, les fonctions que ceux-ci leur ont déléguées. Le conseil municipal peut supprimer ces fonctions d'adjoints lorsqu'il ne les juge plus nécessaires.

Ces commissaires adjoints sont toujours révocables par le conseil, sur la proposition du maire. (Art. 125 de la loi Belge).

Art. 9.

Le conseil municipal détermine le traitement de tous les employés de la commune. Néanmoins le conseil ne pourra supprimer le traitement du commissaire de police, ou le réduire au-dessous de la moyenne de son traitement dans les dix années qui ont précédé le vote de réduction.

Art. 10.

Dans toutes les communes les votes d'impôts extraordinaires ou d'emprunts ne pourront avoir lieu qu'en appelant à délibérer les plus imposés en nombre égal avec les conseillers municipaux. Néanmoins si parmi les conseillers, se trouvent des plus imposés, le nombre des appelés ne sera pas égal à celui des conseillers, mais égal seulement à celui des conseillers qui ne sont pas parmi les plus imposés.

Art. 11.

Les Maires ne peuvent publier et mettre à exécution aucun arrêté réglementaire nouveau avant qu'il n'ait reçu l'approbation de la Commission permanente du Conseil d'arrondissement et celle du gouverneur de la province.

Art. 12.

Les communes, les établissements publics ne pourront recevoir ni des ministres, ni du gouverneur aucun secours, aucune subvention sur des fonds communs. Néanmoins un Conseil général pourra accorder une subvention à des communes, à des établissements publics, mais par une délibération spéciale.

Art. 13.

Toute délibération du Conseil municipal, sera adressée au commissaire de l'arrondissement qui en donnera récépissé.

CANTON.

CHAPITRE II.

Art. 14.

Dans les cantons qui ont six communes et au-dessus, et une population de quatre mille âmes au moins, un Conseil cantonal sera établi. En feront partie les membres du Conseil général et du Conseil d'arrondissement élus dans le canton, et les maires des communes du canton, et à défaut des maires des délégués des Conseils municipaux.

La présidence appartiendra au conseiller général et, à son défant, au conseiller d'arrondissement.

Art. 15.

Le Conseil cantonal se réunit quatre fois par an en session ordinaire; il sera en outre convoqué extraordinairement par le président, lorsque les intérêts du canton le demandent.

Art. 16.

Le Conseil cantonal donne son avis sur toutes les affaires qui intéressent le canton et notamment :

1° Sur les demandes en réduction des contributions formées par les communes du canton ;

2° Sur les changements à apporter aux circonscriptions territoriales qui intéressent le canton et les communes qui en font partie ;

3° Sur les projets de translation du chef-lieu de canton ;

4° Sur les changements à apporter aux circonscription de perception et sur le lieu de la résidence des percepteurs.

5° Sur la création ou la suppression des offices ministériels dans l'étendue du canton et sur la résidence des titulaires.

6° Sur l'établissement, la suppression ou le changement de foires ou marchés dans l'étendue du canton ou des cantons limitrophes ;

7° Sur la fondation de la caisse des écoles et sur la création des écoles de hameau en exécution de la loi du 10 avril 1867 ;

8° Sur la mise en valeur des marais et des terres incultes appartenant aux communes lors de l'enquête prescrite par l'art. 3 de la loi du 28 juillet 1860 ;

9° Sur les réunions en associations syndicales des propriétaires intéressés à tous les travaux relatifs aux cours d'eau ;

10° Sur les travaux destinés à mettre les villes à l'abri des inondations, lors de l'enquête prescrite par l'article 3 de la loi du 28 mai 1858 ;

11° Sur les projets de reboisement des montagnes qui intéressent les cantons, dans le cas prévu par l'article 5 de la loi du 28 juillet 1860 ;

12° Sur le classement, le déclassement et la direction des routes et chemins de grandes communications qui intéressent le canton ;

13° Sur la construction ou le tracé des chemins de fer d'intérêt général ou local qui intéressent le canton ;

14° Sur les travaux de routes, navigation et autres ouvrages qui intéressent le canton et sur la déclaration d'utilité publique de tous ces travaux ;

15° Sur le classement, le déclassement et la direction des chemins d'intérêt commun et des chemins ordinaires intéressant plusieurs communes, sur la désignation des communes qui doivent concourir à la construction et à l'entretien de ces chemins et sur la proportion dans laquelle chacune doit contribuer aux charges qui en résultent ;

16° Sur les réclamations élevées au sujet de la part contributive des communes du canton, dans les travaux qui intéressent à la fois plusieurs communes, ou les communes et le département ;

17° Sur les tarifs applicables aux ponts à péage à construire et aux bacs et passages d'eau dans l'étendue du canton ;

18° Sur les objets à l'égard desquels le gouverneur ou le commissaire d'arrondissement demanderaient l'avis du Conseil cantonal.

Art. 17.

Le Conseil cantonal exerce les fonctions attribuées à la Commission de statistique créée dans chaque canton par décret du 1er juillet 1852.

Art. 18.

Le Conseil cantonal pourra accepter les dons et legs qui seraient faits au canton pour fonder des établissements d'utilité publique ou de bienfaisance ; ces établissements seront administrés par des Commissions dont la composition sera déterminée soit par les conditions imposées par le donateur ou le légataire, soit par des règlements votés par le Conseil général (1).

(1) En 1849, dans mon projet de loi présenté à l'Assemblée législative, j'avais cherché à donner au Conseil cantonal des attributions plus étendues, le Conseil d'arrondissement étant supprimé par la Constitution.

ARRONDISSEMENT.

CHAPITRE III.

Art. 19.

Il y a pour chaque arrondissement un commissaire du gouvernement portant le titre de commissaire d'arrondissement. (Loi belge).

Les commissaires d'arrondissement sont spécialement chargés sous la direction du gouverneur et avec la Commission permanente du Conseil d'arrondissement, de contrôler l'administration des communes, de veiller au maintien des lois et des règlements d'administration générale dans l'arrondissement.

Le commissaire d'arrondissement sera nommé sur la présentation du gouverneur par le chef du pouvoir exécutif et révocable à sa volonté. Il ne pourra être choisi que parmi les membres du Conseil d'arrondissement, ou les conseillers généraux de l'arrondissement anciens ou en fonctions, ou parmi les maires, anciens ou en fonctions, des communes de plus de cinq mille âmes, ou de la commune chef-lieu de l'arrondissement. Ces conseillers généraux ou d'arrondissement ou ces maires devront avoir rempli leurs fonctions pendant deux ans au moins.

Art. 20.

Le Conseil d'arrondissement composé de membres élus par les électeurs de chaque canton, comme il l'est aujourd'hui et en outre des juges de paix de ces cantons, se réunira de droit, deux fois par an, dans la dernière quinzaine de juillet et de septembre.

Il nommera son président et son secrétaire à la première réunion.

Il pourra être convoqué extraordinairement par son président ou par le commissaire d'arrondissement pour un objet spécial qui devra être indiqué dans la lettre de convocation.

Art. 21.

En outre de ses attributions actuelles, le Conseil d'arrondissement est chargé : 1° de vérifier l'élection de ses membres, et de statuer sur les demandes en nullité de l'élection; 2° de désigner, pour chaque canton, les citoyens appelés à faire partie des listes annuelles du jury criminel et du jury d'expropriation; 3° de classer, après avoir pris l'avis des Conseils municipaux, les chemins intéressant plusieurs communes, et de fixer leur tracé. Le Conseil déterminera les communes qui devront concourir à leur entretien, et fixera la proportion dans laquelle chacune d'elles devra y concourir en prestations et en argent. Les délibérations du Conseil d'arrondissement, sur ces objets, pourront être attaquées par les Conseils municipaux des communes intéressées, devant le Conseil général, qui décidera souverainement.

Si, dans le délai d'un mois, il n'est intervenu aucune opposition de la part des communes, la délibération sera exécutoire et définitive.

4° De présenter, lorsqu'un emploi de juge de paix viendra à vaquer dans l'arrondissement, trois candidats; de son côté, le Tribunal civil présentera également trois candidats. Le chef du Pouvoir exécutif ne pourra nommer que l'un des candidats de ces deux listes.

5° D'accepter les dons et legs qui seraient faits à l'arrondissement ou à un canton dans lequel il n'y aurait pas de Conseil cantonal, pour y fonder des établissements d'intérêt public ou de bienfaisance. Ces établissements seront administrés par des commissions, dont la composition sera déterminée soit par les conditions imposées par le donateur ou le légataire, soit par des règlements votés par le Conseil général.

Art. 22.

Les séances du Conseil d'arrondissement sont publiques; néanmoins, l'Assemblée se forme en comité secret sur la demande du président ou de cinq membres, ou sur la demande du commissaire d'arrondissement; elle décide ensuite si la séance peut être reprise en public sur le même sujet (Art. 51 de la loi provinciale de Belgique.)

Le Président a seul la police de l'Assemblée; il peut, après en avoir donné l'avertissement, faire expulser à l'instant de l'auditoire, tout individu qui porte le trouble, et peut même ordonner de l'arrêter à l'instant et de le conduire à la maison d'arrêt. Il sera fait mention de cet ordre dans le procès-verbal et sur l'exhibition qui en sera faite au gardien de là maison d'arrêt. La personne arrêtée y sera reçue et retenue pendant vingt-quatre heures, sans préjudice des poursuites à exercer devant les tribunaux, s'il y a lieu. (Art. 58 de la loi provinciale de Belgique).

Art. 23.

Les membres du Conseil votent à haute voix ou par assis et levé; néanmoins, les présentations de candidats, les nominations ou révocations se font toujours au scrutin secret.

Art. 24.

Le Conseil nommera chaque année, dans sa première réunion, parmi ses membres autres que les juges de paix, une Commission permanente de quatre membres, qui sera présidée par le Commissaire d'arrondissement. Pour prendre une décision, il faudra au moins trois membres.

Les délibérations de la Commission permanente sont secrètes. Les délibérations seront prises à la majorité; en cas de partage, la voix du plus âgé sera prépondérante.

Cette Commission vérifiera les comptes et les budgets des communes, et y portera d'office les dépenses obligatoires qui auraient été omises.

Art. 25.

Sont soumises à l'approbation de la Commission permanente, les délibérations des Conseils municipaux et des établissements publics, qui, aujourd'hui, ont besoin, pour être exécutées, de l'approbation du Préfet.

La Commission permanente, statuera sur la validité des élections communales si elles sont contestées.

Les réclamations des contribuables pour leurs impôts [actuellement soumises au conseil de préfecture seront jugées par la commission permanente.

Les communes, les établissements publics, les contribuables et le commissaire d'arrondissement pourront se pourvoir auprès du gouverneur en conseil contre les décisions rendues par la commission ;

Si le pourvoi n'a pas eu lieu dans le délai d'un mois, la décision de la commission permanente sera définitive (Art. 76 et 77 de la loi communale de Belgique).

Art. 26.

Le conseil d'arrondissement nommera dans son sein ou hors de son sein, mais parmi les personnes domiciliées dans l'arrondissement :

1° Un inspecteur des enfants trouvés ou abandonnés, et des établissements de bienfaisance ;

2° Un inspecteur des écoles primaires;

3° Un inspecteur de la viabilité ;

4° Un inspecteur des affaires communales.

Le Conseil pourra nommer deux ou plusieurs inspecteurs pour chacun de ces objets, s'il le juge nécessaire, et leur assigner une circonscription, comme aussi confier la surveillance de deux objets à un seul.

Dans le cas où un inspecteur serait choisi hors du conseil, il aura entrée au conseil ou à la commission permanente et voix délibérative pour les choses sur lesquelles il aura un rapport à faire.

Les inspecteurs seront nommés pour trois ans, et toujours rééligibles.

Art. 27.

L'inspecteur des enfants pourra les visiter en tout temps, examiner la manière dont ils sont traités, et devra avertir l'administration des hospices et l'administrateur du département des abus qui pourraient exister dans le service. Il devra aussi examiner les établissements de charité et bureaux de bienfaisance.

Il pourra provoquer la révocation auprès de la commission permanente, des membres des commissions administratives ou bureaux de bienfaisance ; le président du tribunal civil ainsi que le procureur de la République seront appelés à la Commission permanente avec voix délibérative pour statuer sur cette demande.

Art. 28.

L'inspecteur des écoles aura le droit de présentation des instituteurs aux conseils municipaux ; il devra visiter les écoles primaires, com-

munales et privées ; il aura le droit de demander au conseil municipal,
et, en cas de refus du conseil municipal, à la commission permanente,
la privation du traitement, la suspension temporaire ou la destitution
des instituteurs communaux. Ces peines pourront être prononcées aussi
sur la plainte de pères de famille, sans préjudice du droit des tribunaux
d'interdire les instituteurs de l'exercice de leurs fonctions. Le curé du
chef-lieu de canton et le pasteur. s'il y en existe, le président du tribunal civil, ainsi que le procureur de la République , seront appelés à la
commission permanente avec voix délibérative pour statuer sur les
plaintes portées contre les instituteurs.

Le conseil d'arrondissement nommera les notables habitants, qui,
avec le maire et le curé de la commune. devront former le comité de
surveillance de l'école primaire.

Dans le cas où une commune serait trop peu considérable et en
même temps trop pauvre pour faire les frais d'une maison d'école et
payer un instituteur. le conseil d'arrondissement sur la proposition de
l'inspecteur des écoles pourra déterminer les communes qui devront se
réunir pour contribuer à la construction, ou à la location et à l'entretien d'une maison d'école et au traitement de l'instituteur. Le conseil
fixera aussi la proportion dans laquelle chaque commune devra y contribuer.

Les communes ainsi réunies pourront dans un délai d'un mois, se
pourvoir contre les décisions du conseil d'arrondissement auprès du
conseil général qui statuera définitivement.

Les membres des conseils municipaux des communes réunies pour
l'instruction primaire voteront en commun pour la nomination ou la
révocation de l'instituteur.

Art. 29.

Dans le cas où une commune serait trop petite ou trop pauvre pour
avoir un garde champêtre assez payé pour remplir convenablement ses
fonctions, le conseil d'arrondissement pourra sur la proposition de l'inspecteur des affaires communales, et après avoir pris l'avis des conseils
municipaux, déterminer les communes qui devront s'unir pour nommer un seule garde. Les conseillers municipaux de ces communes de-

vront se réunir pour choisir un garde à la pluralité des voix, sur la présentation des maires, s'ils négligeaient de le faire la commission permanente le nommerait directement.

Art. 30.

Le conseil d'arrondissement pourra provoquer auprès de l'autorité supérieure la réunion des communes qui n'auraient pas un nombre d'éligibles au moins cinq fois plus considérable que celui des conseillers municipaux, ou les ressources nécessaires pour entretenir une maison d'école, une église, un presbytère, et pourvoir au traitement d'un instituteur.

Art. 31.

L'inspecteur de la viabilité devra avertir l'administrateur du département de tout ce qui pourrait nuire à la bonne viabilité des routes départementales et chemins de grande communication ; il devra lui signaler les abus.

L'inspecteur de la viabilité assistera à la réception des travaux entrepris sur les routes départementales et chemins de grande vicinalité. Il recevra avec les maires les travaux entrepris sur les chemins intéressant plusieurs communes et les chemins ordinaires.

Si une commune n'a pas voté les prestations et centimes nécessaires, conformément à la loi du 21 mai 1836, ou si la commune n'en a pas fait emploi dans les délais prescrits, le conseil d'arrondissement sur la proposition de l'inspecteur de la viabilité, pourra d'office voter les centimes et les prestations.

Art. 32.

Dans le cas où il y aurait des réclamations de particuliers intéressés, ou de sections de communes, ou de l'inspecteur des affaires communales, sur des délibérations de conseils municipaux fixant le mode d'administration des biens communaux, le mode de jouissance et la répartition des pâturages et fruits communaux ainsi que les conditions à imposer aux parties prenantes, les affouages, la délimitation ou le partage des biens indivis entre deux ou plusieurs communes ou sections de commune, le parcours et la vaine pâture, la commission permanente pourra annuler ou modifier les délibérations. Les réclamations devront être adressées dans le mois qui suivra la délibération de la commune, au maire et au président de la commission permanente, qui en donneront récépissé, et la commission devra statuer dans le mois à dater de la réclamation.

Toutes les réclamations de ce genre seront soumises à l'inspecteur des affaires communales qui donnera son avis par écrit.

Art. 33.

Nulle commune ou section de commune ne pourra intenter une action judiciaire à l'exception de l'action possessoire avant d'avoir soumis à la commission permanente un mémoire détaillé de sa demande et de ses motifs. L'inspecteur des affaires communales donnera son avis par écrit. Si la commission permanente est contraire à la demande, le procès ne pourra être commencé avant une année ; si l'année étant écoulée, le conseil municipal prend une nouvelle délibération pour persister à intenter le procès, l'action pourra être introduite. Mais dans la première comme dans la seconde délibération, les deux tiers des membres du conseil municipal sont nécessaires pour que la délibération soit valable.

Le préliminaire de conciliation aura lieu pour les procès à intenter par les communes ou entre les communes. Le conseil municipal devra charger deux de ses membres de pleins pouvoirs ; ils pourront faire un accord définitif avec la partie adverse, s'ils sont tous deux du même avis.

Ces dispositions sont applicables aux procès que voudraient intenter les établissements publics.

Art. 34.

Les délibérations prises par les conseils municipaux pour vente, échange ou acquisition d'immeubles seront toujours précédés d'une estimation faite par trois experts nommés par le conseil municipal et d'une enquête *de Commodo et incommodo* qui aura lieu à la mairie. Elles ne pourront être prises qu'à la majorité des deux tiers des voix.

Ces délibérations seront soumises à la commission permanente. L'inspecteur des affaires communales donnera son avis par écrit, cette commission aura le droit de décider que les délibérations ne seront pas suivies d'éxécution.

Art. 35.

Le commissaire d'arrondissement recevra un traitement sur le budget de l'état.

Les membres de la commission permanente auront droit à des jetons de présence dont la valeur sera fixée par le conseil général,

DÉPARTEMENT.

CHAPITRE IV.

Art. 36.

Les conseils généraux se composent de membres élus par chaque canton et en outre des présidents des conseils d'arrondissement.

Dans le cas où le conseiller général d'un canton ne pourrait se rendre à la session du Conseil général, le premier conseiller d'arrondissement du même canton le remplacera dans ce Conseil avec voix délibérative pendant cette session seulement.

Art. 37.

Les préfets et les conseils de préfecture sont supprimés.

Les affaires contentieuses et les contraventions de voirie actuellement soumises aux conseils de préfecture et au Conseil d'État, seront jugées par la justice ordinaire.

Art. 38.

Toutes les délibérations du Conseil général sont publiques. Les dispositions des articles 22 et 23 ci-dessus, sont applicables aux séances du Conseil général.

Art. 39.

Dans chaque département, à la prochaine session, le Conseil général, dans une séance secrète, après avoir entendu le gouverneur ou son délégué, nommera dans son sein, ou parmi les anciens membres du

Conseil général, à la majorité absolue des suffrages, un administrateur et deux adjoints.

Art. 40.

L'administrateur et ses adjoints seront nommés pour trois ans et rééligibles.

Art. 41.

L'administrateur est chargé de l'exécution de toutes les délibérations légales du Conseil général et notamment :

1· De la conservation et de l'administration des propriétés du département, et de faire en conséquence tous actes conservatoires de ses droits ;

2° De la gestion des revenus, de la surveillance des établissements départementaux, et de la comptabilité des finances du département ;

3° De la proposition du budget et de l'ordonnancement des finances du département ;

4° De la direction des travaux départementaux, et notamment des travaux pour les routes départementales et les chemins de grande vicinalité. (Toutes les routes nationales seront classées au nombre des routes départementales.)

5° De souscrire les marchés, de passer les baux des biens et les adjudications des travaux départementaux ;

6° De souscrire les actes de vente, échange, partage, acceptation de dons et legs, acquisitions, transactions dans les formes établies par les lois, et d'accepter provisoirement les dons et legs, même avant la délibération du Conseil général ;

7° De représenter le département en justice, soit en demandant, soit en défendant, et de faire même avant toute délibération du Conseil général, tous actes conservatoires ou interruptifs des déchéances.

Le Conseil général reçoit et arrête les comptes de l'administrateur.

Art 42.

L'administrateur est de droit président des commissions d'administration des établissements de bienfaisance ou d'instruction dépendant du département.

Art. 43.

L'administrateur est chargé seul de l'administration qui lui est confiée en vertu des articles précédents; mais il peut déléguer une partie de ses fonctions à ses adjoints.

En cas d'absence ou d'empêchement, le délégué est remplacé par son premier adjoint, et par le second en cas d'absence ou empêchement du premier adjoint.

Art. 44.

Dans le cas où l'administrateur refuserait ou négligerait de faire un des actes qui lui sont prescrits par la loi, le Gouverneur après l'en avoir requis, pourra y procéder d'office par lui-même ou par un délégué spécial.

En outre, lorsqu'un administrateur n'aura pas exécuté une loi qui lui ordonnait ou lui défendait de faire un acte d'administration, il pourra être traduit devant le tribunal civil, par le ministère public, et condamné à une amende qui ne pourra pas excéder cinq cents francs.

Art. 45.

L'administrateur du Conseil général sera libre dans son administration ; mais s'il excédait ses pouvoirs, statuait sur une affaire hors de sa compétence, le Gouverneur, soit sur une plainte, soit d'office, aura le droit, avec l'avis conforme de son conseil, d'annuler sa décision, sauf à l'administrateur à réclamer auprès du Chef du Pouvoir exécutif.

Art. 46.

Lorsque l'administrateur procède à une adjudication publique pour le compte du département, il est assisté de ses deux adjoints ou de deux membres du Conseil général, à leur défaut. Toutes les difficultés qui peuvent s'élever sur l'adjudication seront résolues, séance tenante, par l'administrateur et ses deux assistants, à la majorité des voix.

Art. 47.

L'administrateur et ses adjoints devront résider dans le chef-lieu du département ou à moins d'un myriamètre.

Art. 48.

L'administrateur recevra sur les fonds départementaux une indemnité qui ne pourra excéder le traitement du président du tribunal du chef-lieu du département.

Les adjoints recevront une indemnité qui ne pourra excéder le traitement des juges du tribunal.

Lorsque l'administrateur ou un adjoint se transporteront hors du chef-lieu, à une distance de plus de dix kilomètres, pour affaire de service, ils auront droit de recevoir une indemnité égale à celle que la loi attribue aux juges lorsqu'ils font des transports.

L'administrateur aura droit de correspondre avec ses collègues des départements voisins pour affaire de service.

Art. 49.

La durée de la session ordinaire du Conseil général qui commencera de droit le 16 août, ne sera pas limitée ; mais le Conseil devra statuer sur toutes les affaires qui lui seront soumises sans ajournement.

Le Conseil général pourra être convoqué extraordinairement par le chef du Pouvôir exécutif ou le gouverneur de la province.

Il pourra l'être aussi par l'administrateur dans le cas où les adjoints seraient également de l'avis de la Convocation.

Il devra être convoqué par l'administrateur, si la moitié des membres du Conseil général réclame par écrit la convocation et pour un objet déterminé.

Le gouverneur devra être informé officiellement quinze jours au moins à l'avance des convocations et de leur objet.

Art. 50.

Lorsqu'une place de juge, de vice-président ou de président deviendra vacante dans un tribunal de première instance, il sera fait deux listes de candidats contenant chacune deux noms l'une par les membres du Conseil général de l'arrondissement et le président du Conseil d'arrondissement réunis aux membres du tribunal, l'autre par la Cour d'appel, le procureur général entendu. Le chef du pouvoir exécutif ne pourra nommer que l'un des candidats présentés (1).

Art. 51.

Le Conseil général plaidera, transigera, sans avoir besoin d'aucune autorisation.

Le Conseil général nommera les receveurs de ses finances, il pourra les révoquer.

Les percepteurs des finances du département seront de droit receveurs municipaux pour les communes qui n'auront pas de receveur spécial.

Le Conseil général nommera et révoquera, sur la présentation ou sur la demande de l'administrateur, les ingénieurs, voyers, architectes, receveurs et généralement tous les employés par le département. Il pourra confier ce pouvoir à l'administrateur pour certaines fonctions.

Il nommera les membres des commissions administratives des établissements dépendant du département, les médecins, chirurgiens, directeurs, professeurs et économes ou trésoriers de ces établissements sur la présentation faite d'un côté par les commissions, de l'autre par l'administrateur du département.

Les médecins, chirurgiens, directeurs, professeurs et économes ou trésoriers pourront être révoqués par le Conseil général, sur la demande de ces commissions ou de l'administrateur.

L'administrateur pourra, avec l'avis conforme de ses adjoints, suspendre tous employés du département, même nommés par le Conseil général et les remplacer provisoirement pendant l'intervalle des sessions.

Le Conseil général fixe les traitements de tous les employés payés par le département.

Art. 52.

Le Conseil général est tenu de porter annuellement au budget des dépenses toutes celles que les lois mettent actuellement à la charge des départements et en outre :

(1) La loi Belge donne aux Conseils provinciaux des droits analogues

1° L'entretien des routes nationales qui sont transférées du domaine de l'État au département :

2° Les dépenses relatives aux édifices diocésains ;

3° Les frais de justice criminelle dans le département.

Art. 53.

Vingt pour cent du principal de l'impôt foncier sont transférés des finances de l'Etat au département.

Art. 54.

Le Conseil général adopte les projets, plans et devis des travaux pour lesquels il vote les fonds, à moins qu'il n'en renvoie l'approbation à l'administrateur.

Art. 55.

Le gouverneur aura toujours le droit d'assister aux séances du Conseil général, d'y être entendu quand il réclamera et de faire toute requisition ou demande sur lesquelles le Conseil devra statuer.

Il pourra se faire remplacer par un délégué qui aura les mêmes attributions.

Art. 56.

Toute délibération du Conseil général sera adressée au gouverneur qui en donnera récépissé.

Art. 57.

Les dispositions du présent chapitre ne sont pas applicables au département de la Seine qui est supprimé.

Les communes de ce département situées en dehors de l'enceinte de Paris sont réunies au département de Seine-et-Oise.

Art. 58.

Les départements ne pourront recevoir des ministres aucun secours, aucune subvention sur des fonds communs, néanmoins un département pourra recevoir une subvention par une loi spéciale.

CHAPITRE V.

PROVINCE.

Art. 59.

La France continentale est divisée en vingt-quatre provinces à savoir :

PROVINCES.	CAPITALES.	FORMÉE DES DÉPARTEMENTS DE :
Provence	Aix ou Marseille	Bouches-du-Rhône, Vaucluse, Basses-Alpes, Var et Alpes-Maritimes.
Picardie	Amiens	Somme, Aisne, Oise.
Anjou	Angers	Maine-et-Loire, Mayenne, Sarthe.
Franche-Comté	Besançon	Doubs, Jura, Haute-Saône.
Berry	Bourges	Cher, Indre, Nièvre.
Guienne	Bordeaux	Gironde, Dordogne, Charente-Inférieure, Lot-et-Garonne, Lot.
Haute-Normandie	Caen	Calvados, Manche, Orne.
Champagne	Châlon-sur-Marne	Aube, Ardennes, Marne, Haute-Marne.
Savoie	Chambéry	Savoie, Haute-Savoie.
Auvergne	Clermont	Puy-de-Dôme, Cantal, Haute-Loire, Allier.
Bourgogne	Dijon	Côte-d'Or, Saône-et-Loire, Yonne.
Dauphiné	Grenoble	Isère, Drôme, Hautes-Alpes.
Flandre	Lille	Nord, Pas-de-Calais.
Limousin	Limoges	Haute-Vienne, Corrèze, Creuse.
Lyonnais	Lyon	Rhône, Ain, Loire.
Haut-Languedoc	Montpellier	Hérault, Gard, Ardèche, Lozère, Aveyron.
Lorraine	Nancy	Meurthe, Vosges, Meuse.
Orléanais	Orléans	Loiret, Loir-et-Cher, Eure-et-Loir, Indre-et-Loire.
Gascogne	Pau	Basses-Pyrénées, Landes, Gers, Hautes-Pyrénées.
Poitou	Poitiers	Vienne, Deux-Sèvres, Vendée, Charente.
Bretagne	Rennes	Ille-et-Vilaine, Loire-Inférieure, Morbihan, Côtes-du-Nord, Finistère.
Basse-Normandie	Rouen	Seine-Inférieure, Eure.
Languedoc	Toulouse	Haute-Garonne, Ariége, Pyrénées-Orientales, Aude, Tarn, Tarn-et-Garonne.
Isle de France	Versailles	Seine-et-Oise, Seine-et-Marne. et les arrondissements de Saint-Denis et de Sceaux.

Paris reste à part et n'est compris dans aucune province.

Art. 60.

Un gouverneur nommé par le chef du pouvoir exécutif et révocable à sa volonté sera placé à la tête de chaque province. Il aura les attri-

---

(1) POPULATION ET SUPERFICIE DES PROVINCES DE :

	CAPITALES.	POPULATION.	SUPERFICIE EN KILOM. CARRÉS.	
Provence	Aix ou Marseille	1,464,362 habitants	25,529	02
Picardie	Amiens	1,158,939	19,368	26
Anjou	Angers	1,363,906	19,039	94
Franche.Comté	Besançon	914.255	15,561	48
Berry	Bourges	957,246	20.811	20
Guienne	Bordeaux	2,500,970	36,314	27
Haute-Normandie	Caen	1,465,426	17,516	39
Champagne	Châlon-sur-Marne	1,239,720	25,634	40
Savoie *	Chambéry	545,431	10,076	35
Auvergne	Clermont	1,498,509	25,962	60
Bourgogne	Dijon	1,355,357	24,710	94
Dauphiné	Grenoble	1,027,734	21.765	68
Flandre	Lille	2,139.818	12.286	50
Limousin	Limoges	910.937	16.950	97
Lyonnais	Lyon	1,587,399	13,349	48
Haut Languedoc	Montpellier	1,777.499	31,573	27
Lorraine	Nancy	1,749,034	19,207	87 environ *
Orléanais	Orléans	1,248.813	25.110	11
Gascogne	Pau	1,278,123	27.753	73
Poitou	Poitiers	1,440,373	25,616	13
Bretagne	Rennes	2,995.838	33.003	24
Basse-Normandie	Rouen	1,187.237	11.990	94
Languedoc	Toulouse	1,886.811	31 281	42
Isle-de-France	Versailles	1.213.769	11.807	00
		34,087,554	522,181	19

Dans le royaume de Prusse il y a treize provinces à savoir :

PROVINCES.	POPULATION.	KILOMÈTRES CARRÉS.	
De Prusse.	3,690,960	61,939	41
De Posnanie.	1,523.729	26,930	09
De Brandebourg.	2.616,583	39,889	38
De Poméranie.	1,437.375	31,655	22
De Silésie.	3,510,706	40,301	42
De Saxe.	2,044.710	25,224	11
De Westphalie.	1,665,584	20,200	76
De la Prusse rhénane.	2.359,947	26,968	72
De Hanovre.	1,924,172	34,473	66
Du Slesvig-Holstein.	959,650	17,196	36
De Franconie.	1,389,017	15,594	16

‫ Cette province est bien petite, mais nous devons respecter les clauses du trait d'annexion.

* La Meurthe a perdu   cantons, les Vosges deux. mais quelques cantons de la Moselle sont restés à la France et doivent être réunis à la Meuse ou à la Meurthe.

butions des Préfets actuels à l'exception de celles qui sont conférées par la présente loi aux corps électifs et à leurs délégués, et veillera à ce que les administrateurs des communes, des arrondissements et des départements remplissent leurs obligations imposées par la loi et n'outrepassent pas leurs fonctions.

Le gouverneur sera assisté d'un Conseil composé d'un secrétaire général et de trois conseillers au moins tous choisis par le Chef du pouvoir exécutif parmi les membres actuels ou anciens des Conseils généraux de la province ou parmi les maires ou anciens maires des villes chefs-lieux de département ou d'arrondissement ou d'autres villes de la province ayant plus de dix mille âmes. Chaque département aura un membre du Conseil et les départements ayant plus de 400 mille âmes auront droit à deux conseillers.

Le Conseil, en outre des fonctions déterminées par la présente loi, aura les attributions des Conseils de Préfecture actuels, à l'exception de celles qui ont été transférées aux tribunaux et aux corps électifs.

Le Gouverneur pourra déléguer à des conseillers de Gouvernement ses fonctions, pour des affaires spéciales.

En cas d'absence ou d'empêchement, le Gouverneur sera remplacé par le Secrétaire général.

Art. 61.

Le Gouverneur, en Conseil de Gouvernement, vérifiera les comptes et budgets des départements, et y portera d'office les dépenses obligatoires qui auraient été omises.

Art. 62.

Les Conseils généraux de la province choisiront, dans leur session ordinaire, des délégués, un par cinquante mille âmes de la population de leur département, et de manière qu'il y ait toujours un délégué au moins par arrondissement. Ces délégués dont les fonctions seront gratuites comme celles des conseillers généraux, se réuniront au moins unefois par an et de droit le premier lundi de novembre au chef-lieu de la province, et formeront, sous la présidence du Gouverneur, le Conseil provincial.

Ce Conseil décidera les travaux ou les affaires qui intéressent la province entière (1), et répartira la dépense entre les départements de la province. suivant l'état de leurs forces contributives, qui aura été arrêté par le Conseil provincial, par une délibération générale, et qui devra être approuvée par une loi.

L'exécution des travaux décidés par le Conseil provincial sera confiée, dans chaque département, aux administrateurs de ces départements, et ils devront en rendre compte au Conseil provincial.

Art. 63.

Le Conseil provincial arrêtera les tracés de routes, chemins de grande communication, sur lesquels deux Conseils généraux de la province seraient en désaccord.

Lorsque les Conseils supérieurs de deux provinces seront en désaccord sur des tracés, le Pouvoir exécutif prononcera.

Art. 64.

Le Conseil provincial aura droit de présenter des candidats pour les places vacantes de conseillers à la Cour d'appel de la province. A cet effet, il dressera, dans sa session, une liste de trois candidats. De son côté, la Cour d'appel aura le même droit. Le chef du Pouvoir exécutif ne pourra nommer qu'un des candidats de cette double liste.

Art. 65.

Dans les cas de troubles très graves en France, ou d'invasion étrangère, le Gouverneur ou le chef du Pouvoir exécutif pourront convoquer le Conseil supérieur, qui aura le droit de prendre des mesures de salut public, pour maintenir l'exécution des lois et la défense du territoire.

Si le Gouverneur et le Gouvernement lui-même étaient renversés

---

(1) Comme la construction et l'entretien des palais du Gouvernement et de la Cour d'appel. d'hospices d'aliénés, qui pourraient être communs aux départements de la province, la fondation et l'entretien d'écoles de hautes études, d'universités provinciales, la création de chemins de fer ou d'autres grands travaux publics communs à plusieurs départements de la province.

par une insurrection ou par l'invasion étrangère, le Conseil provincial devrait se réunir spontanément, soit au chef-lieu de la province, soit sur tout autre point de la province, pour prendre des mesures de salut public, et il aura le droit et le devoir de nommer le Gouverneur.

Dispositions générales.

CHAPITRE VI.

Art. 66.

Les communes, les départements, les provinces ne seront jamais obligées de soumettre les plans et devis de toute espèce de travaux qu'ils doivent exécuter à leurs frais, à des Conseils de bâtiments civils ou au Conseil des ponts et chaussées.

Art. 67.

Toutes les délibérations prises par un Conseil électif, en dehors de ses attributions, seront nulles, et la nullité sera prononcée par le Gouverneur en Conseil de Gouvernement.

Le Gouverneur de la province pourra, avec l'avis conforme de son Conseil, suspendre ou même révoquer un maire ou un adjoint de l'une des communes de la province. En cas de révocation, le maire ou l'adjoint révoqués pourront se pourvoir auprès du chef du Pouvoir exécutif, dans la huitaine de la notification de l'arrêté de révocation.

Le gouverneur avec l'avis conforme de son conseil pourra dissoudre un conseil municipal de sa province. Il pourra nommer une Commission municipale en attendant les élections nouvelles qui devront se faire dans les six mois au plus tard à dater de la dissolution.

Le gouverneur avec l'avis conforme de son conseil pourra suspendre un administrateur ou des adjoints de l'administrateur d'un département de sa province, et demander leur révocation au chef du pouvoir exécutif qui statuera dans le mois.

Dans le cas de révocation d'un maire ou d'un administrateur, ils ne pourront pas être renommés avant une année et le conseil municipal devra nommer un autre maire ou un autre administrateur.

Le chef du pouvoir exécutif, sur l'avis conforme des présidents de la cour de cassation et de la cour des comptes réunis en conseil, peut dissoudre un conseil d'arrondissement, un conseil général ou provincial.

Dans le cas de dissolution de l'un de ces conseils, les élections nouvelles auront lieu dans les six mois au plus tard.

Art. 68.

Le gouverneur, avec l'avis conforme de son conseil statuera sur l'acceptation, la réduction ou le refus des dons et legs qui auraient été faits à des communes, des cantons, des arrondissements, des départements pour établissements d'utilité publique ou de bienfaisance.

Art. 69.

Il n'est besoin d'aucune autorisation à l'effet de poursuivre un maire ou adjoint, un commissaire d'arrondissement, un administrateur de département ou un adjoint, ou même le gouverneur pour délits qu'ils auraient commis dans leurs fonctions ou à l'occasion de l'exercice de ces fonctions.

La plainte devra être portée directement devant la cour d'appel.

Si la poursuite n'est pas suivie de condamnation, la partie civile pourra être condamnée, même d'office, à une amende de 50 francs à 1 000 francs, sans préjudice des dommages et intérêts.

Art. 70.

La présente loi ne sera pas applicable à la Corse, dont l'administration ne sera pas changée.

VERSAILLES. — IMPRIMERIE DU JOURNAL OFFICIEL.